Jystrups storke

En lokalhistoriske beretning

Jystrups storke

En lokalhistorisk beretning

Pia Viscor

Books on Demand

2022

Jystrups storke. En lokalhistorisk beretning

Omslagsbillede: Foto af flyvende stork. Fotograf: Hans Skov.

Layout og opsætning af indhold og omslag: Pia Viscor.

Forlag: Books on Demand GmbH, Hellerup
Tryk: BoD - Books on Demand, Norderstedt, Tyskland.

ISBN 9788743045786

Indhold

Forord

Under redigeringen af Aage Baggers bog *Lokalhistoriske vandringer i og omkring Jystrup*, som blev genudgivet i 2021 faldt mine øjne på hans beretninger om storkene i Jystrup og især på det fine billede af storkereden på kanten af Jystrup Sø. Så dukkede endnu et billede op af denne rede, og atter et storkebillede fra Jystrup kom til veje fra Lokalhistorisk Arkiv i Ringsted.

Det pirrede min nysgerrighed. Jeg havde aldrig tidligere funderet over, at der engang havde været storke i Jystrup, så jeg begyndte at undersøge nærmere, hvad man egentlig vidste om disse storke.

Fra sidst i 1800-tallet og måske i mange år tidligere og indtil 1942 var der storke i Jystrup. De fortjener at få fortalt deres historie.

Jeg håber, læseren vil få glæde af denne lille beretning om Jystrups storke.

Pia Viscor
Januar 2022

Indledning

Bogen indledes med en kort introduktion for derefter at fortælle historien om storke og storkereder i Jystrup. Som supplement til tekst og billeder er der indsat lokalhistoriske fakta-ark, der uddyber omtalte personer og steder.

Oplysningerne i bogen baserer sig på informationer fra litteraturen og på originale kilder.

Bogen drejer sig udelukkende om den hvide stork, som har det latinske artsnavn *Ciconia ciconia (L.).* Igennem bogens tekst vil den blive omtalt som *storken.*

Jeg takker Ringmærkningscentralen, Statens Naturhistoriske Museum, København for at have fremskaffet ringmærkningsdata af Jystrups storke. Desuden takkes Ringsted Museum og Arkiv for lån af billeder.

Storkene i Jystrup

I bogen gennemgås kronologisk de oplysninger om storkeforekomster i Jystrup, som det har været muligt at finde. Det drejer sig om overleverede historier og erindringer, om trykte beretninger samt om veldokumenterede oplysninger såsom billeder, ringmærkninger, storkeregistreringer og førstehåndsberetninger.

Præstegårdens storkerede

Præstegården i Jystrup nedbrændte den 9. september 1865, men inden da malede Peter Raadsig et meget smukt billede af præstegården med kirken i baggrunden. Man ser på Figur 1 en prægtig stråtækt gård med flere udlænger og en del mindre, fritliggende bygninger, hvor der efter sigende skulle have været en storkerede.

Figur 1. Jystrup præstegård malet af Peter Raadsig i 1868. Desværre er der ikke på maleriet en storkerede, så man kan se, hvor den formodede storkerede var placeret.

Kirkerne i Jystrup og Valsølille har altid været betjent af den samme præst. Præsten havde først til huse i Valsølille, og Jystrup var således et såkaldt *annekssogn* til Valsølille.

Når præsten skulle betjene sognebørnene i Jystrup, drog han fra præstegården ned til Valsølille Søs bred, hvorfra han blev fragtet over til øen. Der gik han på langs af øen til den modsatte side, hvor han blev hentet i båd og sejlet til Jystrup. Sådan lyder beretningerne.

I 1682, da matriklen blev opmålt, ses det, at Valsølille havde fået status af annekssogn til Jystrup[1], idet der i Jystrup var blevet bygget en præstegård, hvor præsten derefter blev bosat. Gården bestod af en række længer og udhuse alle bygget i bindingsværk og med strå på taget.

Præstegården i Jystrup nedbrændte den 9. september 1865 og blev selvfølgelig genopbygget, så pastor A.C. Petersen og hans hustru Cora Nyegaard i 1867 kunne flytte ind i en flunkende ny præstegård[2]. Den bestod af et muret stuehus med fast tag og to udlænger bygget i kampesten med strå på taget.

Den østre længe er nu renoveret og tjener under navnet *Stalden* som menighedshus. Det blev indviet i 1994. Den vestlige længe nedbrændte den 18. maj 1976, men blev senere genopført i træ.

Fakta-ark 1. Præstegårdene i Jystrup.

Maleren *Johan Peter Raadsig* – kaldet *Peter* - blev født 1806 som søn af skibsfører *Søren Christian Raadsig*, der to år efter Peters fødsel omkom ved et forlis. Peters mor, *Ellen Pouline Poulsen*, giftede sig i 1812 med godsforvalter *Samuel Diderich Engell* på Skjoldenæsholm. Sammen fik de i 1815 sønnen *Carl Frederik Engell*. I 1829 døde godsforvalteren, men enken blev boende først i Haraldsted sogn og senere i et hus i Valsølille sogn. Også Peters halvbroder blev boende på godsets område, hvor han fra midten af 1800-tallet bestred stillingen som skovrider på Skjoldenæsholm.

Peter tilbragte således en del af sin barndom på godsets område, og som voksen kom han der jævnligt lige til sin død i 1882. Fra Peter Raadsigs hånd findes der en lang række malerier med motiver fra Skjoldenæsholm.

Maleriet af Jystrup præstegård, som er vist på Figur 1, blev malet i 1868, altså tre år efter at præstegården brændte. Det er givetvis en kopi af et tidligere billede af præstegården, som blev malet inden branden.

Fakta-ark 2. Kunstmaler Johan Peter Raadsig.

Figur 2. Jystrup præstegård fotograferet i 1949. Det var på taget af den østre længes nordlige gavl (længen til højre i billedet), at der efter endt genopbygning af præstegården i 1867 skulle have været en storkerede.

Efter genopbygningen af præstegården *fandt storken alligevel på at bygge rede og bo på netop den østlige staldlænge på taget ved den nordlige gavl ned mod Jystrup Bygade.* Formuleringen *alligevel* tolkes derhen, at der også på den gamle præstegård havde været en storkerede.

Historien om storkereden på præstegårdens tag er hentet fra Aage Baggers bog *Lokalhistoriske vandringer i og omkring Jystrup,* hvor han gengiver en overleveret beretning, som han fik fortalt af *en gammel Jystrupper.* Desværre har det ikke gennem andre kilder f.eks. fotos været muligt at verificere tilstedeværelsen af en storkerede på præstegårdens tag.

Krudthusets storkerede

I 1916 skiftede *Krudthuset* beboere, og da stuehuset var gammelt og forfaldent, blev det i 1917 besluttet at rive det ned og genopbygge det[3 4].

Et billede taget lige før nedrivningen viser et smukt gammelt bindingsværkshus med stråtag, hvor der på en af husets skorstene ses en flot, stor storkerede. Oveni købet kan man på det gamle og slørede foto se en stork stående på kanten af reden.

Hvorvidt der igen kom en storkerede på det nye stuehustag, melder historien intet om, og i øvrigt er billedet af Krudthuset med storkerede på taget det eneste belæg for, at der næsten på kanten af Valsølille Sø har været en rede. Denne rede er ikke omtalt nogen andre steder og heller ikke nævnt i de storkeregistreringer, som fandt sted i 1900-tallets begyndelse[5].

Figur 3. Det gamle Krudthus' stuehus med storkerede på taget. Billedet blev taget før 1917, hvor stuehuset blev nedrevet og et nyt opført.

Krudthuset er beliggende på Ålbækvej 34. Det er en ejendom med en meget lang historie.

I 1617 fik lensmændene på Svenstrup, Roskildegårds og Ringsted klosters len befaling af kongen om at finde et sted tæt på de tre lens grænser og dér i fællesskab oprette et salpeterværk. Vest for Jystrup, som hørte under Ringsted Klosters len, lå der et egnet jordstykke. Det var mod nord afgrænset af Valsølille Sø og mod vest af søens afløb *Ålbækken*, og her startede man året efter det store byggearbejde.

Ret hurtigt blev Svenstrup len fritaget for deltagelse, hvorefter projektet alene hvilede på de to andre len, som delte arbejdet mellem sig ved hver især at skaffe byggematerialer og opføre hver deres halvdel af bygningerne. De bestod af en omkring 70 m lang, stråtækket lade til opbevaring af salpeterjorden, hvoraf salpeteren blev udvundet, samt et ca. 11 m langt bindingsværkshus med tegltag, der var indrettet til beboelse for syderen i den ene halvdel og til syderi i den anden. Allerede i 1618 kunne man udbetale salpetersyder *Hans Rønnepending* for den første levering af salpeter fra Jystrup.

Indtil 1654 var der i Jystrup en ubrudt række af salpetersydere, som afløste hinanden. *Jens Mikkelsen* tiltrådte som salpetersyder i Jystrup i sommeren 1654, og han blev salpeterværkets sidste syder. Trods manglende dokumentation i kilderne formodes det nemlig, at værket blev ødelagt af svenskerne i 1658 efter det danske krigsnederlag til svenskekongen Karl X Gustav[6].

I den periode, hvor salpeterværket fungerede, blev ejendommen kaldt *Salpeterhuset*, men hen mod periodens slutning skiftede det navn til *Krudthuset*. Det er der selvfølgelig en forklaring på.

I syderens kontrakt fremgik det, at den salpeter, som han sydede, alene skulle leveres til kongen, der havde stærkt brug for denne råvare til krudtfremstilling. Salpeter udgør nemlig 75% af krudt. Salpetersyderen måtte altså ikke sælge salpeter til andre eller bruge den til hjemmefremstilling af krudt.

I 1640 rejses der en sag mod salpetersyder *Poul Mikkelsen* i Jystrup for ikke at have leveret en aftalt mængde krudt til en købmand i Køge. Aftalen havde været, at Mikkelsen købte salpeter af købmanden, fremstillede krudt af denne salpeter og leverede samme vægtmængde krudt tilbage til købmanden, som så tillige skulle betale syderens arbejdsløn[7]. Denne sag afslører, at salpetersyderen i Jystrup ved siden af sit hverv som salpetersyder for kronen havde en lille privat virksomhed med fremstilling og salg af krudt for indkøbt salpeter. Således kan husets navneændring forklares.

Fakta-ark 3. Krudthuset.

Fortsættes næste side

Fakta-ark 3 fortsat

Hvor længe denne virksomhed i Krudthuset fortsatte vides ikke, men det mest sandsynlige er nok, at da salpeterværket i 1658 blev ødelagt, forsvandt grundlaget for krudtfremstilling også.

I årene lige efter 1658 var der ingen mulighed for at genopbygge salpeterværket eller installationerne til fremstilling af krudt. I Avnstrup havde svenskerne nemlig placeret en såkaldt *sauvegarde* bestående af en korporal og to ryttere, som skulle beskytte de svenske interesser, og de holdt helt sikkert et vågent øje med Krudthuset, så der ikke foregik noget dér til skade svenskerne.

Storkereden ved Jystrup Sø

Figur 4. Storkereden ved Jystrup Sø 1928 med udsigt over søen.

Figur 5. Dette foto, som også er taget i 1928, fortæller omtrentligt, hvor ved søkanten reden var placeret.

Aage Bagger gengiver i sin bog *Lokalhistoriske vandringer i og omkring Jystrup* endnu nogle erindringer vedrørende storke i Jystrup, som *en gammel Jystrupper*, havde berettet for ham.

Af uforklarlige årsager besluttede gårdmand *Christopher Hansen* på *Søgården*[8] at lægge et vognhjul op i et udgået træ på kanten af Jystrup Sø. Det var antagelig omkring 1880, at dette skete, og det blev en succes. Vognhjulet blev af de tilflyvende storke udbygget til en stor rede, som husede ynglende storke indtil 1941.

Den første egentlige registrering af reden skete i 1919, og i 1927 blev fire storkeunger fra reden ringmærkede. Disse to hændelser bliver omtalt mere detaljeret i afsnittene henholdsvis *Storkeregistreringer* og *Ringmærkninger*.

Storkereden blev i 1928 foreviget af den lokale fotograf Julie Pedersen, der boede og havde atelier i Egemosen[9].

Af de to fotografier af storkereden ses det, at den lå helt tæt ved søkanten, og sidst men ikke mindst viser fotografiet på Figur 5 den gamle smedje og kirken i baggrunden, hvorfor man omtrentligt kan pejle sig frem til, hvor redetræet stod. Dets placering vurderes at have været cirka midt på søens vestre bred.

Figur 6. Søgården fotograferet ca. 1937.

Storkeregistreringer

Ornitologen *Peter Skovgaard* fra Viborg er bl.a. kendt for sine studier af de danske storke. Under arbejdet med at kortlægge storkenes udbredelse i Danmark opfordrede han i 1919 gennem radioen og pressen alle med kendskab til ynglende storke at sende deres observationer og data til ham. Tillige blev spejderne i *Det danske Spejderkorps* opfordret til at udføre en målrettet registrering af storkereder og ynglende storke[11].

Spejderne takkede ja til opfordringen, og i sommeren 1919 gik drengene fra hele landet i gang med arbejdet. Resultatet af den midtsjællandske optælling viste, at der i det undersøgte område var 29 beboede eller ubeboede reder, hvoraf den ene befandt sig i Jystrup[12]. Reden blev beskrevet som værende i *et træ ved Julius Andersens gård* – altså på Søgården. Desuden nævnedes, at den var beboet.

Reden i Jystrup indgik som en del af Skovgaards kortlægning af storkens udbredelse i Danmark[13].

Hovgården var en dobbeltgård, hvilket vil sige to sammenbyggede gårde hver med deres fæster. I 1763 udbrød der brand på Hovgården, hvilket ikke alene medførte, at dobbeltgården nedbrændte, men også at ilden bredte sig. I alt fem huse og seks gårde i landsbyen blev offer for ildens hærgen[10].

Klog af skade genopbyggede man Hovgårdene som to enkeltgårde, nemlig *Søgården* mod nord og *Ladetoftegård* lige syd for.

Søgården, som er afbildet på Figur 6, blev opført som en lukket firelænget bindingsværksgård med vognport, mens Ladetoftegård kun fik 3½ længe.

Da storkereden blev sat op ved kanten af Jystrup Sø omkring 1880 hed fæsteren af gården *Christopher Hansen* (se afsnittet *Storkereden ved Jystrup Sø*). I 1919, da spejderne registrerede storkereder på Midtsjælland, var gårdens forpagter *Julius Andersen* (se afsnittet *Storkeregistreringer*).

Søgården brændte i 1949, hvor kun en enkelt fritliggende længe langs vejen undgik flammerne og derfor stadig er bevaret. Efter branden blev gården genopført, som den står i dag. Den har adressen Skjoldenæsvej 21.

Fakta-ark 4. Søgården.

Ringmærkninger

Den danske ringmærkning af fugle blev påbegyndt i 1899 af zoologen *Hans Christian Cornelius Mortensen*. Efter hans død fortsatte ovenfor omtalte ornitolog Peter Skovgaard hans arbejde[14]. Skovgaard fremstillede selv ringene, og gennem et landsdækkende netværk af hjælpere blev et utal af fugle ringmærkede. Alle disse ringmærkningsdata bliver nu opbevaret på *Ringmærkningscentralen*, Statens Naturvidenskabelige Museum i København.

I Jystrup blev der den 12. juni 1927 ringmærket fire storkeunger fra reden ved Jystrup Sø. De blev ringmærket af den dengang 20-årige Henning Muus, som var søn af skovrideren på Svenstrup Gods[15].

Den ene af de fire unger blev året efter den 17. marts genfundet i nærheden af bjergtoppen Kriván på den slovakiske side af bjergmassivet Vysoké Tátry/Høje Tatra, der er en del af Karpaterne og danner grænsen mellem Polen og Slovakiet[16]. Det fremgår ikke af genmeldingen, om fuglen var død eller levende, men p.gr.a. af tidspunktet for genfangsten må den have være på forårstræk nordpå, hvor den skulle overflyve den over 2.000 m høje bjergkæde, hvilket den sandsynligvis ikke overlevede.

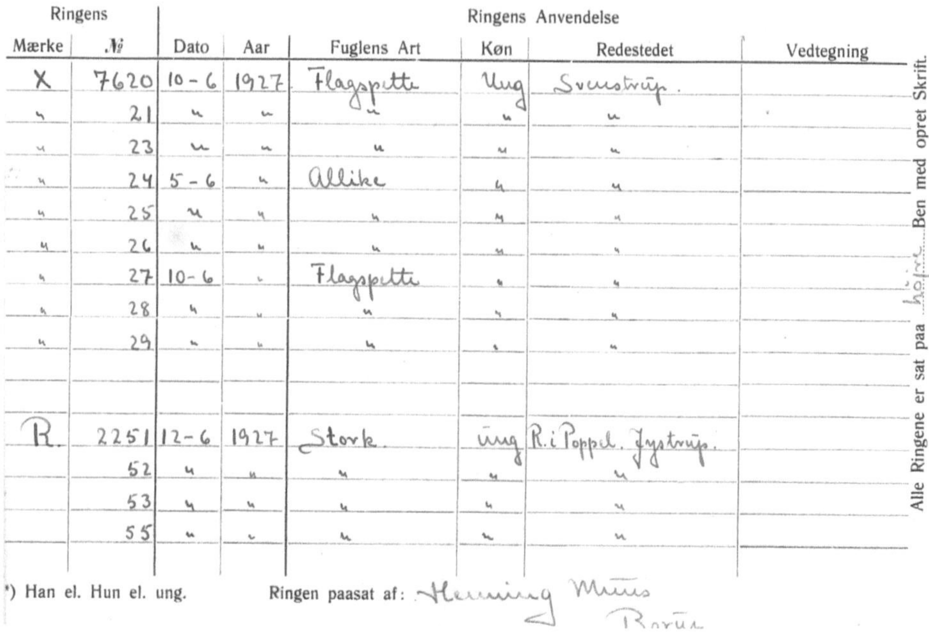

Ringens Mærke	№	Dato	Aar	Ringens Anvendelse: Fuglens Art	Køn	Redestedet	Vedtegning
X	7620	10-6	1927	Flagspætte	Ung	Svenstrup.	
"	21	"	"	"	"	"	
"	23	"	"	"	"	"	
"	24	5-6	"	Allike	"	"	
"	25	"	"	"	"	"	
"	26	"	"	"	"	"	
"	27	10-6	"	Flagspætte	"	"	
"	28	"	"	"	"	"	
"	29	"	"	"	"	"	
R.	2251	12-6	1927	Stork.	ung	R. i Poppel. Jystrup.	
	52	"	"	"	"	"	
	53	"	"	"	"	"	
	55	"	"	"	"	"	

*) Han el. Hun el. ung. Ringen paasat af: Henning Muus [illegible]

Alle Ringene er sat paa højre Ben med opret Skrift.

Figur 7. Skemaet viser de informationer, som blev noteret, da de fire storkeunger blev ringmærkede i 1927. Kilde: Ringmærkningscentralen, Statens Naturhistoriske Museum, København.

Peter Skovgaard brugte bl.a. genmeldinger af ringmærkede storke til at kortlægge storkenes trækruter mellem sommer- og vinteropholdsstederne. Data fra den ringmærkede og genmeldte stork fra Jystrup indgik således i en større videnskabelig undersøgelse[17].

I 1941 kom en af Jystrups storke til skade. Hændelsen bliver der nærmere redegjort for afsnittet *Peter – Den tamme stork.* Storken blev behandlet og efterfølgende holdt under observation i en stald i en uges tid.

Under opholdet dér kontaktedes ornitologen *Halfdan Lange,* der var en af Peters Skovgaards hjælpere bl.a. ved ringmærkningsarbejdet. Lange sendte den 1. august 1941 en ring til fiskeren på Skjoldenæsholm *Alfred Julius Vendelbo Jacobsen,* som havde lovet at sætte ringen på storken.

I notaterne på ringmærkningsskemaet fortælles, at storken, som var en han, kom fra reden i et piletræ i Jystrup, og at storken kom dagligt nær for at få fisk. Desuden bemærkes det, at storken en tid i juni-juli havde været såret og derfor holdt i pleje[18].

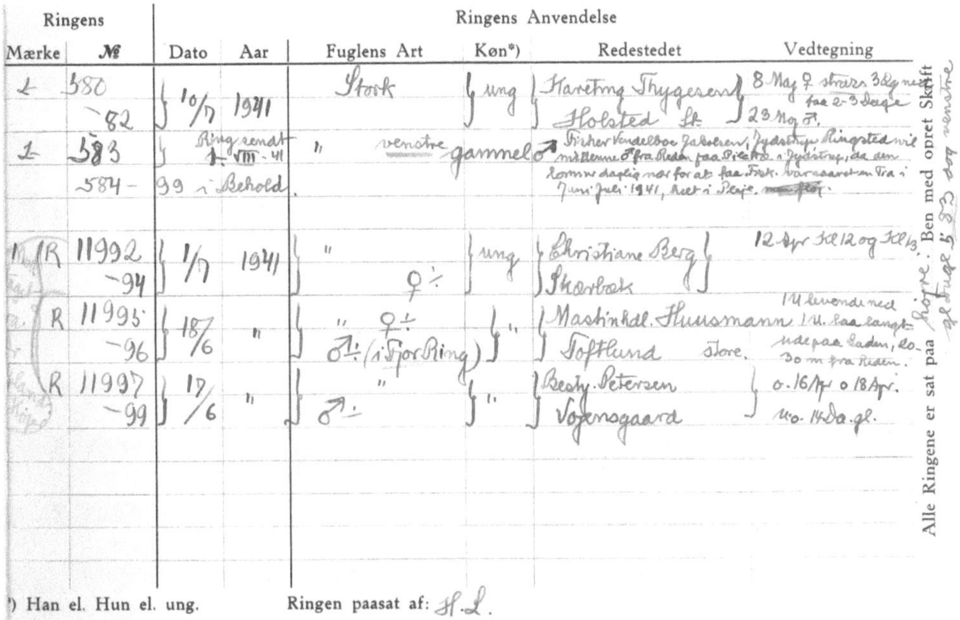

Figur 8. Skemaet viser de informationer, som blev noteret, da storken Peter blev ringmærket i 1941. Kilde: Ringmærkningscentralen, Statens Naturhistoriske Museum, København.

Føde og fødesøgning

Storken har et meget varieret menukort. Især i moser og våde enge, men også på mere tørre enge og dyrkede marker æder og samler den gnavere såsom mus, rotter og mosegrise, fisk, fugleæg og -unger, padder og krybdyr i form af frøer, slanger og firben samt snegle, insekter, regnorme og andre smådyr[19].

Et storkepar kræver til sig selv og til opfostring af ungerne omkring 500 kg føde i løbet af en sæson, og denne føde skal helst kunne skaffes indenfor en afstand af omkring 8 km fra reden. Hvis forældrene skal flyve længere væk for at hente føde til ungerne, bruger de al for megen energi på fødeindsamlingen.

Der skal altså i en radius af 8 km fra reden være områder, der huser storkens fødeemner i rigelige mængder. Er føden knap, resulterer det i, at ikke alle ungerne kommer på vingerne. Den eller de svageste unger udsultes, da forældrene ved fodringen prioriterer den eller de stærkeste.

Storkene i Jystrup havde gode fourageringsmuligheder. Rundt om Jystrup Sø var der indtil midt i 1900-tallet en smal bræmme af udyrket, fugtig jord samt afgræssede

Figur 9. Kanten af Jystrup Sø med byen i baggrunden. Billedet er taget fra søens nordøstre del.

enge ned mod søen, hvor storkene i Jystrup kunne finde føde. I lidt længere afstand fra reden var der fourageringsmuligheder på engene rundt om Valsølille Sø, ligesom der spredt i det åbne land var flere mindre områder med moser, smådamme og engstykker, og i Skjoldenæsholms skove fandtes en række skovenge.

Især var Skjoldenæsholms *Enghave* et stort og godt engområde. Det ligger mellem den nuværende Knud Lavardsvej og søen fra vejens indmunding i Skjoldenæsvej helt hen til Kleinsmedhusene, som har den nuværende adresse Knud Lavardsvej 107 og 109. Ligeledes var der en stor eng ud for Valsølille landsby ned mod søen, og langs hele den østlige bred var der eng med spredt bevoksning af træer og buske. Engene var på grund af den våde jord ikke under plov og blev drevet med afgræsning og høslet, hvilket forhindrede opvækst af træer og buske.

Endnu længere væk, men stadig indenfor en radius af 8 km, lå Skee Mose, som også må betragtes som et rigt fourageringsområde for Jystrups storke.

På de næste sider vises en række billeder med motiver fra Jystrup og omegn. De er alle taget i 1900-tallets første halvdel og illustrerer derfor, hvordan en række af de områder, hvor storkene i Jystrup fandt deres føde, tog sig ud, mens der endnu var storke i Jystrup. Fire af billederne stammer fra postkortserier. De nøjagtige udgivelsesår har det ikke været muligt at finde, men eventuelle poststemplinger samt tilstedeværelse eller fravær af bygninger giver et fingerpeg om postkortenes alder.

Billederne giver også et indblik i, hvordan landskabet og dets elementer omkring Jystrup har ændret sig siden begyndelsen af 1900-tallet. Engområder er i de fleste tilfælde afvandede ved dræning, sprunget i skov eller tilplantede med træer. Det samme er tilfældet med moserne og de mindre søer og damme.

Billedet, der er vist som Figur 9, gengiver en udsigt ud over Jystrup Sø set fra søens nordøstre bred. Man ser hen over Jystrup Sø med byen i baggrunden. Billedet viser, hvorledes søkanten de fleste steder var bevokset med siv og tagrør, og hvor åbent der var langs bredden. Selv byens haver havde ikke træer og buske helt ned til søen. Desuden fremgår det af billedet, at de omgivende enge blev afgræssede.

Figur 10 og 11 er eksempler på storkenes fourageringsområder i det opdyrkede land. Den lille mose Jungsøen, som ligger langs Jungsøvej lige udenfor bygrænsen, var i 1900-tallets begyndelse med åbne vandflader og sparsom bevoksning af træer i og langs kanten. Det ses også, at mosen var indhegnet til græsning. Figur 11 viser landskabet ved Nebs møllegård. Billedet er taget fra Jungsøvej. Midt i postkortet ses mølledammen og foran den en afgræsset eng med en mindre sø. Bagved ses møllegårdens vindmølle. Mange andre steder i Jystrups omegn var der lignende biotoper med moser, vandhuller og våde enge.

Figur 10. Jungsøen - dengang med åbne vandflader - ligger langs Jungsøvej lige udenfor byskiltet. Billedet viser også den gamle vejføring, der førte vejen rundt i en bue om vådområdet.

Figur 12 og 13 gengiver to af de større områder langs Valsølille Sø, hvor storkene fandt deres føde, nemlig i Enghaven og på engene nedenfor Valsølille kirke. Igen er det værd at bemærke, hvor åbne og helt fri for opvækst af buske og træer de afgræssede enge var.

Nebs mølles historie går langt tilbage i tid. I kilderne nævnes den første gang i 1496.

I 1683 fik *Ulrik Frederik Gyldenløve* skøde på Skjoldenæsholm Gods, hvorunder Nebs mølle hørte[21]. Den hørte under godset i omkring 200 år, hvorefter den kom på private hænder[22].

Nebs Mølle var oprindeligt en vandmølle, men i 1851 blev mølleriet suppleret med en vindmølle[23].

Mølleriet på Nebs Mølle gik med tiden dårligt, hvorfor ejeren af møllen i 1912 forsøgte at sælge vindmøllen til nedrivning, da den ikke havde været i brug de seneste år. Den blev annonceret til salg som værende *en udmærket vindmølle så god som ny*[24].

Det lykkedes ikke at sælge vindmøllen, men i 1913 viste der sig en anden mulighed for dels at komme af med møllen og dels få en fortjeneste på vindmøllen i hus.

Et filmselskab fik lov til at optage en film, som fik navnet *Det hemmelighedsfulde X*[25]. En del af scenerne foregik i og omkring vindmøllen. Bl.a. udspillede der sig i filmen en krigsscene omkring møllen, som efter træfningerne skulle afsluttes med, at vindmøllen sprang i luften og nedbrændte.

Filmoptagelser var selvsagt en begivenhed, som skulle dækkes af den lokale presse. En journalist blev sendt til stedet, hvor hele sceneriet med *filmører* og *filmøser, aktører* og *aktricer* med videre blev beskrevet i mindste detalje. Bl.a. blev vindmøllen omtalt som værende meget forfalden med *affældige vinger og frønnet træværk grønt af alger. De små blåmalede kvistes vejrbidte ruder er slået ud, hatten bærer store lapper af gammelt tagpap, og vinden brager klagende gennem dens gamle skrog*. Vindmøllens tilstand var altså ikke som oplyst i salgsannoncen fra året før, hvilket måske forklarer, hvorfor der ingen købere viste sig.

Da alle filmfolkene havde forladt Nebs Mølle, skulle sprængningen med dynamit og den efterfølgende nedbrænding filmes, men i sidste øjeblik blev det aflyst, da filmselskabet ikke havde kunnet indhente de fornødne tilladelser.

Vindmøllen, som aldrig kom i brug igen, blev mere og mere forfalden, og i begyndelsen af 1930'erne blev den endelig revet ned[26]. Måske skete det i forbindelse med oprydningen efter møllegårdens brand den 20. januar 1931.

Fakta-ark 5. Nebs mølles vindmølle.

Figur 11. I forgrunden ses en engsø og midt i billedet vandfladen på Nebs møllesø. Desuden ses Nebs mølles vindmølle på toppen af møllebakken. Billedet er taget fra Jungsøvej lige inden Nebs møllegård.

Figur 12. Udsigt ud over engene nedenfor Valsølille kirke. Huset er den gamle Valsølille præstegård, som er omtalt i afsnittet Præstegårdens storkerede.

Figur 13. Udsigt ud over Enghaven nord for Valsølille Sø. Billedet er taget ved T-krydset Skjoldenæsvej/Mortenstrupvej. Man ser også den midtsjællandske jernbanes viadukt over Skjoldenæsvej. Skjoldenæsvej havde dengang et forskudt forløb i forhold til i dag.

Jernbaneloven af 1908 indeholdt planerne om en jernbane gående fra Næstved til Frederikssund og derfra videre til Hillerød, hvorfra den skulle kobles til den bestående strækning fra Hillerød til Helsingør.

Arbejdet med anlæggelsen af banen, som fik navnet *Den midtsjællandske jernbane*, blev først påbegyndt 1917, og syv år efter kunne man indvie strækningen Næstved-Ringsted, på hvilken Jystrup lå. Her var der blevet bygget en stationsbygning, som i dag har adressen Skjoldenæsvej 31. Den 1. juni 1924 var der således både indvielse af jernbanen og af den fine, nye stationsbygning.

Året efter blev strækningen Ringsted-Hvalsø taget i brug og i 1928 kunne man indvie den sidste strækning til Frederikssund. Længere kom jernbanen nemlig ikke, idet tidens udvikling havde overhalet projektet. Transport af varer på lastbiler og persontransport med rutebiler var nemlig blevet mere rentabelt end togtransport og godsvognskørsel.

I 1936 nedlagdes strækningen Ringsted-Frederikssund, og samtidig endte Jystrups dage som stationsby[20].

Fakta-ark 6. Den midtsjællandske jernbane.

Peter - Den tamme stork

Fiskebjerghus var bolig for fiskemesteren på Skjoldenæsholm. Fra 1901 hed fiskeren *Alfred Julius Vendelbo Jacobsen*. Han var dette år blevet ansat af godset og derfor flyttet ind i Fiskebjerghus med hele sin familie.

Da Vendelboe, som fiskeren herefter vil blive omtalt som, havde rundet de 60 år, og der måske ikke var så megen arbejdsenergi som tidligere, flyttede hans yngste søn *Max* hjem til faderen sammen med sin familie. Allerede som barn havde Max hjulpet sin far med fiskeriet, så det faldt vel helt naturligt, at han kom sin far til hjælp, da han havde brug for det. Max stod nok for selve fiskeriet, mens Vendelbo blev derhjemme, hvor han stille og roligt kunne arbejde med fiskegrejet og de fangne fisk.

Sin retrætepost brugte den aldrende fisker også til at forsøge at lokke byens storke til sig. Faktisk lykkedes det ham at gøre storkehannen i Jystrup helt tam.

Figur 14. Fiskebjerghus fotograferet i 1953. Det var der, fiskemester Alfred Julius Vendelbo Jacobsen boede, og også der, hvor storken Peter fik en fiskekrog i halsen.

Figur 15. Dyrlæge Howarth i gang med at operere storken Peter, mens fisker Max Vendelboe Jacobsen holder kroppen og hans datter næbbet. Kilde: Klint 1942.

Peter hed den – storkehannen – for den havde ifølge dansk tradition fået et navn. Hvad dens mage hed, melder historien intet om, og hvorfor navnet lige landede på *Peter*, vides heller ikke.

I sommeren 1941 havde Vendelboe i otte år i træk hver dag gennem sommeren haft besøg af Peter, som blev fodret med fisk. Men en dag gik det helt galt. Sidst i juli 1941 fik Peter under et besøg hos Vendelboe øje på nogle fisk, som endnu sad på kroge, og da den snuppede en, fik den selvsagt en krog i halsen. Den forskrækkede fisker så hele sceneriet og vidste først ikke sine levende råd, men hurtigt fik han dog fat i landsbyens dyrlæge *Frederik Julius August Howarth*. Han besluttede sig for at operere fiskekrogen ud. Storken blev lokalbedøvet, og mens Max' datter holdt på næbbet og Max på kroppen, fik dyrlægen fjernet krogen og derefter syet spiserøret sammen.

Operationen lykkedes, og dyrlægen beordrede patienten ro og hvile i fiskerens stald. Efter endt rekreation, hvor Peter blev tilset af dyrlægen, som gav den medicin, helede såret fint op, og storken kunne den 23. august blive sluppet løs.

Hvert år på samme dato, nemlig den 24. august, plejede storkeparret i Jystrup sammen med deres unger at lette og flyve sydpå, hvilket også skete i 1941. Afrejsen blev for Peters vedkommende indledt med et besøg i fiskerens have, hvor den spankulerede lidt omkring. Derefter gik den på vingerne, fløj over søen og forsvandt sammen med den øvrige storkefamilie, som dette år bestod af forældrene og to unger.

Fem dage efter afrejsen kunne man igen se Peter i Jystrup. Måske var den alligevel for svag til den lange tur mod syd og trængte til ekstra tid for at komme sig ovenpå operationen. Peter blev i landsbyen i en uge, hvor det meste af tiden blev tilbragt hos

Figur 16. Efter operationen blev alle de involverede fotograferede: Dyrlæge Howarth i hvid kittel tv, fisker Max Vendelboe Jacobsen holdt storken Peter, Max' far fisker Alfred Julius Vendelboe Jacobsen ses i baggrunden og th Max' datter. Kilde: Klint 1942.

fiskeren, der sørgede for en god forplejning bl.a. bestående af små ål. Derefter forlod Peter endelig Jystrup.

Hele historien om den opererede stork blev fortalt i de lokale dagblade, men beretningen var så tilpas interessant, at mange andre aviser landet over også bragte historien. I marts-nummeret 1942 af Dyrenes Beskyttelses ungdomsblad *Dyrevennen* skrev kredsformanden for lokalafdelingen i Ringsted Harriet Klint en artikel om hændelsen. Derefter gik historien endnu engang rundt i hele landet i de lokale dagblade.

Peter opnåede på den måde at blive en landskendt stork.

Jystrups sidste stork

I foråret 1942 kom storken igen til Jystrup, men det var kun en enkelt fugl, der ankom.

Det er en almindelig opfattelse, at storkepar holder sammen i årevis, og at storke år efter år vender tilbage til deres gamle rede, hvorfor man sikkert i Jystrup var af den overbevisning, at den enlige fugl i 1942 var Peters mage.

Måske havde den stork, som befandt sig i Jystrup i sommeren 1942, haft særlige kendetegn, som gjorde, at man kunne genkende den fra tidligere år, men dette melder historien dog intet om.

Den enlige stork kunne også have været en helt ny stork. Undersøgelser har nemlig vist, at kun ca. 75% benytter den rede, hvor de ynglede året før[27].

Storken, som ankom til Jystrup i foråret 1942, *byggede rede på den modsatte søbred, og omsorgsfulde mennesker skærmede hende af,* fortæller Aage Bagger i sin bog[28]. Hvor den nye rede mere nøjagtigt blev bygget, melder historien desværre ikke om.

Man kunne undre sig over, hvorfor en ny stork ikke rekrutteredes udefra enten for at slå sig sammen med den enlige stork, eller hvorfor der i de efterfølgende år ikke etablerede sig storke i de hele to storkereder, som øjensynligt var i byen. Svaret herpå skyldes givetvis i en lang række faktorer.

I begyndelsen af 1940'erne var storkene i Danmark generelt i voldsom tilbagegang. Årsagen hertil var nok først og fremmest de ændrede driftsformer i landbruget. Allerede fra århundredets begyndelse formindskedes antallet af de biotoper, hvor storkene søgte deres føde.

I 1942 ventede alle i byen på hannens ankomst, men til sidst måtte man erkende, at den ikke ville dukke op, og heller ikke en ung, livskraftig hanstork viste sig som Peters efterfølger.

Der kom således ingen mage og dermed ingen storkeunger i 1942, og siden har der ikke været storke, som har slået bo i Jystrup.

Således endte historien om Jystrups storke.

Noter

1 Christian V's matrikel af 1688. Opmålingerne dertil startede allerede i 1682.
2 Bagger 2021.
3 Evang Uå.
4 I H.P. Christensens erindringer, som blev udgivet af August F. Schmidt, nævnes både nedrivning af Krudthusets stuehus samt storkereden på taget. Årstallet for nedrivningen angives at være 1914, men det er nok mere troligt, at stuehuset blev revet ned og genopbygget i 1917, lige efter det fik nye beboere.
5 Se afsnittet *Storkeregistreringer.*
6 Waaben 1995.
7 Waaben 1995.
8 Søgården har den nuværende adresse Skjoldenæsvej 21.
9 Bagger 2021.
10 Bagger 2021.
11 Skovgaard 1919.
12 Ringsted Folketidende 18. juli 1919.
13 Skovgaard 1934 og 1935.
14 Dybbro 1979.
15 Ringmærkningsskema, Ringmærkningscentralen, Statens Naturhistoriske Museum, København.
16 Genmeldingsskema, Ringmærkningscentralen, Statens Naturhistoriske Museum, København.
17 Skovgaard 1934 og 1934.
18 Ringmærkningsskema, Ringmærkningscentralen, Statens Naturhistoriske Museum, København.
19 Dybbro 1979.
20 Wikipedia.dk og evp.dk.
21 Kronens skøder.
22 Jacobsen 1950.
23 Oplysninger fra Ringsted Museum og Arkiv.
24 Bornholms Tidende 3. august 1912.
25 www.dfi.dk.
26 Oplysninger fra Ringsted Museum og Arkiv.
27 Dybbro 1979.
28 Bagger 2021.

Kilder og litteratur

Trykte kilder og litteratur

Bagger, Aage, 2021. *Lokalhistoriske vandringer i og omkring Jystrup.* Lokalhistorisk Forening for Jystrup og Valsølille.

Bornholms Tidende 3. august 1912.

Dybbro, Tommy, 1979. *Storken.* Skarvs ornitologiske serie.

Jacobsen, Fritz, 1950. Vandmøller i Sorø Amt. Årbog for Historisk Samfund for Sorø Amt.

Kancelliets brevbøger vedrørende Danmarks indre forhold i uddrag. Udgivet af Rigsarkivet 1885-2005.

Klint, Harriet, 1942. *En virkelig Storkehistorie.* Dyrevennen, Foreningen til Dyrenes Beskyttelse i Danmark.

Schmidt, August F., 1939. *Fra Jystrup sogn. Af H. P. Christensens Optegnelser.* Årbog for Historisk Samfund for Sorø Amt.

Skovgaard, P., 1919. *Hvor mange Storke er der i Danmark.* Spejdernes Magasin. Vor Ungdom. 3. årgang, maj 1919, nr. 8.

Skovgaard, P., 1934. *Storken i Danmark i Text og Billeder.* Eget forlag.

Skovgaard, P., 1935 A. *Storken i Danmark. (Ciconia c ciconia (L.)). (Ciconia alba). En Beskrivelse af dens Forekomst og Udbredelse i Danmark, den Liv og hele egenartede Færd. Med 2 Kort og 5 Tavler.* Danske Fugle. Dansk ornithologisk Central, bind IV, side 67-138.

Skovgaard, P., 1935 B. *Danmarks Storke. Redernes Fordeling 1934. Kort med oplysende Text.* Danske Fugle. Dansk ornithologisk Central, bind IV, side 159-160.

Sorø Amts Dagblad 10. oktober 1919.

Sorø Amts Dagblad 7. juni 1919.

Waaben, Ebba, 1995. *Christian 4.s salpeterværker.* G.E.C. Gad.

Websider

arkivalieronline.dk
ddd.dda.dk
dfi.dk
evp.dk

hkpn.gst.dk
kb.dk/danmarksetfraluften
sdfekort.dk
storkene.dk
wikipedia.dk

Utrykte kilder

Evang, Grethe, U.Å. Erindringer. Ringsted Lokalarkiv, Historiens Hus, Ringsted.
Folketællinger Jystrup og Valsølille sogne.
Kirkebøger Valsølille sogn.
Kronens skøder, Rigsarkivet.

Andre udgivelser af Pia Viscor

Fra Nielsen til Jydstrup

Beretningen om tre brødre Nielsens udvandring til Amerika.

Books on Demand 2020.

BRANDSØ

Øens historie indtil år 1900.

Books on Demand 2017.

De drog til Racine

Den danske udvandring til Racine County, Wisconsin, USA - et detailstudie af pulleffekten som den udfoldede sig i 1800-tallet.

Books on Demand 2007.

Jeg rejser til Amerika

En rejsedagbog og en samling udvandrerbreve fra Racine, Wisconsin, USA.

Books on Demand 2007.

Bøgerne kan købes i boghandlere og netboghandlere eller ved henvendelse til forfatteren på viscorpia@gmail.com.